Einsterns Schwester

3

Themenheft 3

Texte planen und schreiben

Herausgegeben von
Roland Bauer, Jutta Maurach

Erarbeitet von
Katrin Baudendistel, Daniela Dreier-Kuzuhara

Cornelsen

Inhaltsverzeichnis

So kannst du mit den Heften arbeiten

Du machst alle
Seiten der Lernportion 1.

Zuerst im grünen Heft.	Dann im roten Heft.	Dann im gelben Heft.	Und dann im blauen Heft.

Danach machst du in
allen Heften die Lernportion 2.

Nun machst du in
allen Heften die Lernportion 3.

Genauso bearbeitest du
alle anderen Lernportionen.

1 Eine Wörtersammlung erstellen

1. Schreibe alle Wörter auf,
die dir zum Thema **Zirkus** einfallen.

Heft 3, S. 5 ①
…

2. Bitte ein anderes Kind, deine Wörtersammlung zu lesen und zu ergänzen.

3. Überlegt gemeinsam, wie ihr die Wörter ordnen könnt.

Oberbegriffe verwenden

1 Ergänze die Mindmap mit deinen Zirkuswörtern.

Eine Sammlung von Wörtern in dieser Form nennt man **Mindmap**.

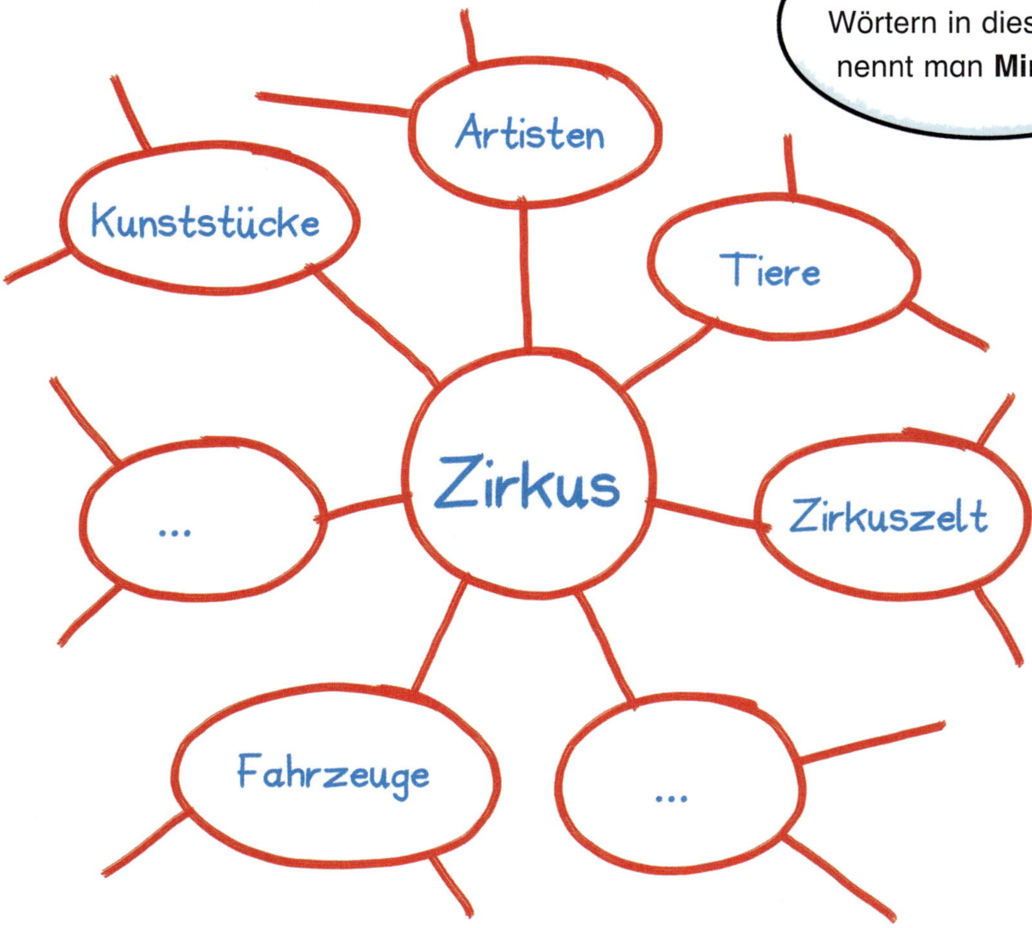

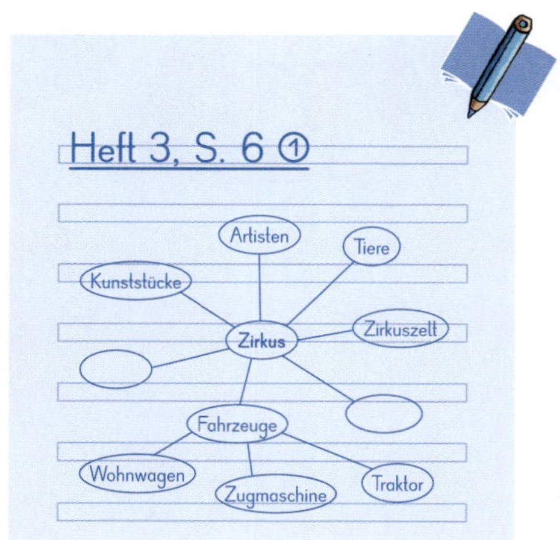

Mir fällt noch ein Oberbegriff ein.

2 Stell dir vor, du bist ein Zirkuskind. Schreibe 5 Sätze in dein Heft oder am Computer.

→ AH Seite 10

1 Oberbegriffe finden

1 Findet gemeinsam Oberbegriffe.

Löwen	Tribüne	Seiltänzerin
Elefanten	Arena	Clown
Pferde	Sitzplätze	Jongleur
Affen	Longe	Trapezkünstler
Kamele	Vorzelt	Tierlehrer

2 Schreibe zu einem selbst gewählten Oberbegriff fünf Wörter auf.
Lass ein Partnerkind den Oberbegriff finden.

Heft 3, S. 7 ②
...

3

1 5-Minuten-Schreiben

1 Sieh dir die Bilder genau an.
Überlege, wer du am liebsten sein würdest.
Schreibe Stichwörter zu deiner Wunschperson.

Heft 3, S. 8 ①
Wunschperson: …
– …
– …

2 Schreibe deine Gedanken zur Wunschperson in Sätzen auf.
Nutze die Stichwörter von Aufgabe 1.

Heft 3, S. 8 ②
…

3

1 Das Vortragen üben

So trage ich etwas vor:

1. **Ich stehe auf** und beginne erst, wenn alle **ruhig** sind.

2. **Ich formuliere** einen Anfangssatz.
   Ich möchte euch vorstellen, wie mein Leben aussehen würde als …

3. **Ich stelle** meinen Text **vor**.
   Ich **spreche** dabei **langsam**, **laut** und **deutlich**.

4. **Nach jedem Satz** mache ich eine **kurze Pause**.
   Dabei schaue ich den Zuhörern kurz in die Augen.

1 Stelle deine Wunschperson von Seite 8 vor.

2

1 Über das eigene Lernen nachdenken

Ergänze deine erste Lernraupe.

… eine Wörtersammlung erstellen.

… Oberbegriffe finden.

… Stichwörter aufschreiben.

… einen Text vortragen.

…

Ich habe mich gefreut, dass …

Ich hatte Mühe …

2 Merkmale eines förmlichen Briefs kennenlernen

1 Lies den Brief. Ordne den Begriffen die Erklärungen zu.

Heft 3, S. 11 ①
1 Absender – Person, ...

1 Lola
Hexengasse 7
14197 Berlin

Berlin, 15. September 2016

2 Firma Bärchen
Gummibärchenstr. 10
75132 Süßen

3 **Beschwerde**

4 Sehr geehrte Damen und Herren,

ich esse sehr gern rote Gummibärchen. Leider befanden sich in der letzten Packung fast keine roten Bärchen.
Ich würde mich sehr freuen, wenn Sie mir eine neue Packung schicken könnten. Vielen Dank!

5 Mit freundlichen Grüßen
Lola

6 PS: Mein Bruder liebt auch Gummibärchen.

- 1 Absender
- 2 Anschrift
- 3 Betreff
- 4 förmliche Anrede
- 5 förmliche Grüße
- 6 PS:

- Ziel, an das ein Brief zugestellt werden soll
- Grund einer schriftlichen Nachricht
- freundliche Verabschiedung
- Person, die einen Brief verschickt
- Nachsatz in einem Brief, der am Schluss steht (Postscriptum)
- Anrede einer Person mit Nachnamen oder mit „Sehr geehrte Damen und Herren“

2 Eine förmliche Nachricht schreiben

So schreibe ich eine förmliche Nachricht:

1. **Ich überlege**, wem ich eine förmliche Nachricht schreibe.

2. **Ich plane**, was ich schreiben möchte.
Betreff/Anlass, …

3. **Ich schreibe** eine Nachricht und beachte dabei:
   – den Aufbau

   Absender — Ort und Datum

   Anschrift

   Betreff

   förmliche Anrede
   Text
   höfliche Grüße

   PS:

   – Ich verwende passende Anredepronomen (Sie, Ihr, Ihre, Ihnen, …)

4. **Ich lese** und **verbessere wenn nötig** die förmliche Nachricht.

STOPP

1 Ordne die persönlichen und förmlichen Anredepronomen richtig zu:

Sie | du | Ihr | dein | ihr

Ihre | euch | dich | Ihrem | dir

→ AH Seite 18

2 Ordne die Betreffzeilen den Nachrichten zu. Schreibe jeweils die Nummer und die Betreffzeile in dein Heft.

Heft 3, S. 13 ②
1 – Erlaubnis für ein Klassenfest
…

Flohmarktstand auf dem Marktplatz

Lesenacht in der Schule

Erlaubnis für ein Klassenfest

Liebe Frau Bauer,

wir würden gerne mal wieder ein Klassenfest feiern. Machen Sie mit?

Herzliche Grüße
Ihre 3 a
❶

An:
Betreff:

Sehr geehrte Frau Bürgermeisterin,

wir möchten am nächsten Donnerstag auf dem Marktplatz einen Flohmarkt für unsere Klassenkasse abhalten und bitten dafür um Ihre Erlaubnis.

Mit freundlichen Grüßen
Klasse 3 b der Pestalozzi-Grundschule
❷

Lieber Herr Erdokan,

die Klassen 1 bis 4 möchten gerne am Freitag, den 16.09., eine Lesenacht in der Schule veranstalten. Bitte schließen Sie dafür um 18 Uhr die Klassenräume auf.

Viele Grüße vom Organisationsteam
❸

3 Die Kinder möchten mit ihrer Schule ein Zirkusfest veranstalten. Dazu müssen sie den Bürgermeister um Erlaubnis bitten.

Schreibe einen förmlichen Brief oder eine förmliche E-Mail an den Bürgermeister.

Heft 3, S. 13 ③
Neustadt, den 06.04.20…
Zirkusfest hinter der Stadthalle

Sehr geehrter Herr Bürgermeister,
…

→ AH Seite 19

2 Eine förmliche Nachricht überarbeiten

① Lies mit einem Partnerkind den förmlichen Brief.
Überlegt gemeinsam, was verbessert werden muss.

Klasse 3b
Schulstr. 9
14197 Berlin

Grundschule Sonnenblume
Rektor Felix Neumann
Schulstr. 9
14197 Berlin

Hallöchen Rektor Felix,

beim Kuchenverkauf haben wir 112 Euro eingenommen.
Wir schlagen dir vor, dies für neue Spielsachen
für die Pausenkiste zu verwenden.
Vielen Dank für Ihre Bemühungen.

Mit freundlichen Grüßen
Klasse 3b

PS: Wir finden Rollbretter toll.

② Schreibe den Brief verbessert auf.

Heft 3, S. 14 ②
...

2 Einen Brief und eine E-Mail vergleichen

① Lies gemeinsam mit einem Partnerkind die E-Mail.
Vergleicht die Mail mit einem Brief.
Findet Unterschiede.

Anmeldung zu den E-Junioren

Senden

An: maier@sportverein-dresden.de

Kopie: frida@jürgenson.de

Betreff: Anmeldung zu den E-Junioren

Sehr geehrter Herr Maier,

meine Freundin Frida und ich möchten uns gerne für das Fußballtraining der E-Junioren anmelden.
Bitte teilen Sie uns mit, ob Sie noch zwei Plätze frei haben und wann das Training stattfindet.
Was müssen wir außer Sportzeug und Getränken noch mitbringen?

Wir würden uns sehr freuen, wenn das klappt.

Freundliche Grüße
Frida und Theo

Blumenweg 9
01067 Dresden

② Ergänze die Sätze.

| E-Mail-Adresse | Betreff | Brief |
| Ort | Datum | unten |

Heft 3, S. 15 ②
Im Vergleich zu einem Brief
fehlen rechts oben Ort und ...

Im Vergleich zu einem Brief fehlen rechts oben ___ und ___.

Die Anschrift ist eine ___.

Die Adresse des Absenders steht ganz ___.

Der ___ wird in der Betreffzeile im E-Mail-Kopf eingetragen.

In einer E-Mail werden förmliche Anrede und Verabschiedung
wie bei einem ___ verwendet.

Über das eigene Lernen nachdenken

Ergänze deine Lernraupe.

… einen förmlichen Brief erkennen.

… eine förmliche Nachricht schreiben.

… einen Brief und eine E-Mail unterscheiden.

…

Ich habe gelernt, zügig zu arbeiten.

__________ macht es mir leicht, mich zu konzentrieren.

3 Den Aufbau einer Geschichte erkennen

Eine **Geschichte** besteht aus Einleitung, Hauptteil und Schluss.
Die **Einleitung** beantwortet kurz diese Fragen:
Wer spielt mit? **Wann** spielt die Geschichte? **Wo** spielt sie?
Der **Hauptteil** erzählt ausführlich, **was** passiert.
Im **Schluss** steht knapp, **wie** die **Geschichte endet**.

1 Lies den Text. Finde die Einleitung, den Hauptteil und den Schluss der Geschichte. Schreibe die Zeilennummern auf.

Heft 3, S. 17 ①
Einleitung: Zeilen 1 bis …

Der neue Schüler

Wie jeden Mittwoch in der 1. Stunde hatten wir Mathematik bei Herrn Werner. Wir durften in unserem Klassenzimmer verschiedene Gegenstände wiegen. Da klopfte es. Eine Frau, ein Junge und ein Hund standen in der Tür. „Ist das hier die Klasse 3 a?“, fragte die Frau. Herr Werner nickte freundlich. „Ich bringe Ihnen einen neuen Schüler“, sagte die Frau, „meinen Sohn Chan.“ Chan lächelte schüchtern. „Neben Paul ist ein Platz frei, da kannst du dich hinsetzen“, sprach Herr Werner. Plötzlich sprang der Hund los und setzte sich auf den freien Stuhl. Die ganze Klasse lachte. Die Mutter pfiff nach ihrem Hund und Chan setzte sich lachend auf den frei gewordenen Platz.

2 Schreibe die Einleitung, den Hauptteil und den Schluss der Geschichte in Stichwörtern auf.

Heft 3, S. 17 ②
Einleitung:
– Mittwoch, 1. Stunde
– …

3 Eine Einleitung schreiben

1 Lies den Text.
Überprüfe, ob es sich um eine Einleitung handelt.
Schreibe dazu die Fragen **Wer? Wann? Wo?** und die passenden Antworten in dein Heft.

Heft 3, S. 18 ①
Wer? …
Wann? …
Wo? …

Meine Oma Susanne wollte ihren Gartenschuppen am Mühlbach entrümpeln.

Erkan, Alma und ich halfen ihr am Freitag dabei.
Sie versprach uns als Dank ein Eis.

2 Überlege, über welches Erlebnis du eine Geschichte schreiben möchtest.

a) Wer spielt in dieser Geschichte mit?

b) Wann spielt die Geschichte?

c) Wo spielt die Geschichte?

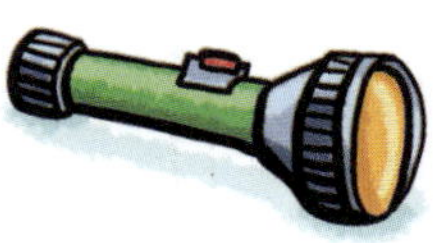

3 Schreibe die Einleitung zu deinem Erlebnis auf.

Heft 3, S. 18 ③
…

3 Einen Hauptteil und einen Schluss schreiben

1 Lies die Einleitung der Geschichte.

Rennschwein Rudi Rüssel

Wir haben zu Hause ein Schwein. Ich meine damit nicht meine kleine Schwester, sondern ein richtiges Schwein, das auf den Namen Rudi Rüssel hört. Wie wir zu dem Schwein gekommen sind? Das ist eine lange Geschichte. Zwei Jahre ist das her, da fuhren wir an einem Sonntag aufs Land.
Wir, das sind meine Mutter, mein Vater, meine Schwester Betti, die nur ein Jahr jünger ist als ich, und Zuppi, meine kleine Schwester.

Uwe Timm

2 Schreibe mit Hilfe der Stichworte den Hauptteil auf.

Heft 3, S. 19 ②
...

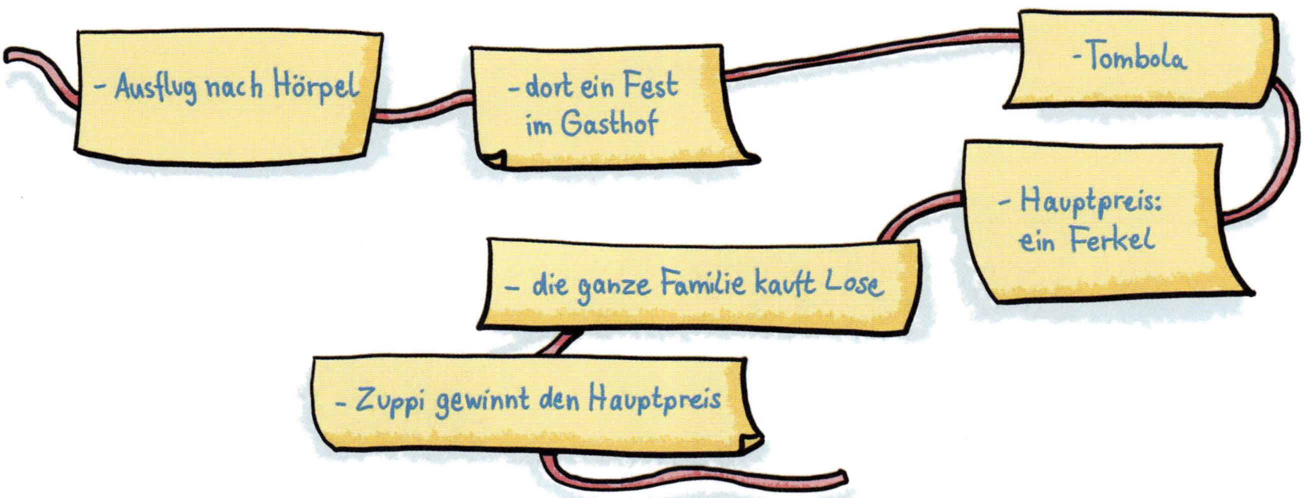

3 Schreibe einen Schluss für deine Geschichte.

Heft 3, S. 19 ③
...

3 Eine passende Überschrift finden

Jede Geschichte hat eine **Überschrift**.
Sie muss zum Text passen und zum Lesen anregen.

① Sieh dir gemeinsam mit einem Partnerkind die Fotos an. Erzählt euch die Geschichte. Überlegt euch einen Schluss.

② Überlege dir alleine drei Überschriften und schreibe sie auf.

Heft 3, S. 20 ②
…

③ Stellt euch gegenseitig eure Überschriften vor und überlegt, welche euch am besten gefällt. Begründet eure Meinung.

3 Unterschiedliche Satzanfänge nutzen

Ein Text wird interessanter, wenn die **Satzanfänge unterschiedlich** sind.

1 Schreibe das Erlebnis auf.
Setze passende Satzanfänge ein.

Heft 3, S. 21 ①
Gestern haben …

Plötzlich | Gestern | Da | Zum Glück

Wir | So | Zunächst | Dort | Dann

Ein Erlebnis im Wald

- ___ haben wir an einem Orientierungslauf teilgenommen.
- ___ trafen wir uns beim Start.
- ___ bekam jedes Team eine Karte.
- ___ fiel der Startschuss.
- ___ standen wir an einer Brücke, die nicht auf der Karte eingezeichnet war.
- ___ hatten uns verlaufen.
- ___ knackte es auf einmal im Unterholz.
- ___ war es ein Streckenposten, der uns weiterhalf.
- ___ haben wir das Ziel noch erreicht.

2 Schreibe das Erlebnis in der richtigen Reihenfolge auf.
Finde selbst unterschiedliche Satzanfänge.

Heft 3, S. 21 ②
…

- ___ haben wir uns im Zoo in Gruppen aufgeteilt.
- ___ kamen wir müde und zufrieden zu Hause an.
- ___ sollten wir zu bestimmten Tieren Fragen beantworten.
- ___ sind wir mit der Bahn gefahren.
- ___ waren wir zum Schluss auf dem großen Abenteuerspielplatz.
- ___ waren wir mit unserer Klasse im Zoo.

→ AH Seite 26

3 Zu einem Erlebnis eine Geschichte schreiben

So schreibe ich eine Erlebnisgeschichte:

1. **Ich überlege**, zu welchem Erlebnis ich eine Geschichte schreibe.

2. **Ich plane** Einleitung, Hauptteil, Schluss und notiere Stichwörter.

3. **Ich schreibe** eine Erlebnisgeschichte und beachte dabei:
   - die Einleitung (Wer? Wann? Wo?)
   - den ausführlichen Hauptteil (Was passiert?)
   - den Schluss (Wie endet die Geschichte?)

4. **Ich lese** die Geschichte noch einmal durch und achte dabei auf abwechslungsreiche Satzanfänge.

5. **Ich überarbeite** die Geschichte.

6. **Ich finde** eine passende Überschrift für die Geschichte.

STOPP

1 Schreibe mit Hilfe des Leitfadens eine Erlebnisgeschichte.

Heft 3, S. 22 ①
…

Eine Schreibkonferenz durchführen

So bespreche ich Texte in einer Schreibkonferenz:

1. **Ich überlege**, mit wem ich meinen Text besprechen möchte, und suche mir drei Kinder.

2. **Ich verteile** die Aufgaben:

Der Verständnisexperte:
Habe ich alles verstanden?
Kann ich die Geschichte mit eigenen Worten wiedergeben?

Der Aufbauexperte:
Sind in der Einleitung die Fragen Wer? Wann? Wo? beantwortet?
Ist der Hauptteil ausführlich und interessant?
Rundet der Schluss die Geschichte ab?

Der Ausdrucksexperte:
Waren die Sätze zu lang?
Waren die Satzanfänge abwechslungsreich?

3. **Ich lese** meinen Text den anderen Kindern (mehrmals) vor.

4. **Ich erhalte** von den anderen Kindern Hinweise.

5. **Ich überarbeite** meine Geschichte. Die Hinweise der anderen Kinder können mir dabei helfen.

STOPP

1 Besprich in einer Schreibkonferenz deine Erlebnisgeschichte.

→ AH Seite 27

3 Über das eigene Lernen nachdenken

Ergänze deine Lernraupe.

… den Aufbau einer Geschichte erkennen.

… eine Einleitung schreiben.

… einen Hauptteil und einen Schluss schreiben.

… eine passende Überschrift finden.

… unterschiedliche Satzanfänge nutzen.

… zu einem Erlebnis eine Geschichte schreiben.

… eine Schreibkonferenz durchführen.

Zuerst hatte ich bei Aufgabe … ein Problem. Dann …

Wenn mir etwas schwerfällt, …

4 Eine Person genau beschreiben

1 Ergänze in Tims Beschreibung die passenden Adjektive.
Nutze auch die Anregungen im Wortkasten.

Heft 3, S. 25 ①
Auf dem Kopf hat
es eine ... Kappe.
...

gepunktet ✶
blond ✶ gelockt ✶
geringelt ✶ kurz ✶
lang ✶ bunt ✶
abgewetzt ✶
knallrot ✶
frühlingsgrün ✶
beige ✶ gestreift

2 Lies deinen Text einem Partnerkind vor.
Wenn es auf das richtige Kind zeigt,
hast du es genau beschrieben.

3 Beschreibe ein Kind aus der Abbildung genau.
Wenn dein Partnerkind auf das richtige Kind zeigt,
hast du es genau beschrieben.

4 Treffende Wörter zuordnen

1 Ordne den Personen die passende Beschreibung zu.

Heft 3, S. 26 ①
1 – Herr Ludwig
...

Frau Wandel
runder Kopf, braune Haare, Mittelscheitel, langer, geflochtener Zopf, geschwungene Augenbrauen, große blaue Augen, schiefe Nase, lange, hängende Ohrringe, Grübchen an den Wangen, geschwungene, runde Lippen

Herr Ludwig
ovaler Kopf, spitzes Kinn, Halbglatze mit blonden Haaren, langer Zwirbelbart, große grüne Augen, dünne Augenbrauen, anliegende Ohren, kleine Nase, volle Lippen

Herr von Hotzenbach
eckiger Kopf, kurze, lockige rote Haare, engstehende braune Augen, buschige Augenbrauen, große Knollennase, schiefer Mund, schmale Lippen, abstehende Ohren

Frau Dürr
länglicher Kopf, schulterlange, zerzauste schwarze Haare, schmale braune Augen, dünne Augenbrauen, Stupsnase, breiter Mund, schmale Lippen, rote Wangen, Sommersprossen

2 Ordne die Wörter richtig zu.

Kleidung | **Gestalt/Körperbau** | **Besonderheiten**

Heft 3, S. 26 ②
Kleidung: gestreift, ...

schlank ✶ gestreift ✶ Zahnlücke ✶ zierlich ✶
sportlich ✶ Grübchen ✶ einfarbig ✶ muskulös ✶
Narbe ✶ gepunktet ✶ korpulent ✶ Muttermal ✶
geringelt ✶ mollig ✶ Tätowierung ✶ gemustert ✶
kariert ✶ X-Beine ✶ bunt

Beschreibungen überarbeiten

1 Lies den Steckbrief.
Beschreibe Lotta in Sätzen.

Heft 3, S. 27 ①
…

Name:	Lotta
Alter:	9 Jahre
Gestalt:	mollig, klein
Kopf:	rund
Haare:	Mittelscheitel, lange braune Haare, zwei Zöpfe
Augen:	grün, mandelförmig
Nase:	kleine Stupsnase
Kleidung:	blaues Kleid mit roten Punkten, rote Strumpfhose, blaue Sandalen
Besondere Kennzeichen:	Sommersprossen, grüne Brille

2 Lies die Personenbeschreibung.
Überarbeite sie und beschreibe den Mann genau.
Sieh dir dazu auch das Bild an und
ergänze passende Adjektive.

Heft 3, S. 27 ②
Der gesuchte Mann …

Fahrraddieb gesucht

Gestern Nacht wurden mehrere Fahrräder gestohlen.
Eine Zeugin konnte einen Mann näher beschreiben.

Der Mann ist mittelalt.
Er ist ca. 1,80 m groß und sportlich.
Die Person hat ein rundes Gesicht.
Er hat braune Haare und einen Bart.
Seine Nase und seine Augen sind groß.
Er trägt ein T-Shirt, eine Hose und blaue Schuhe.

Sachdienliche Hinweise erbittet
die Polizeidienststelle 5 in Neustadt.

4 Eine Personenbeschreibung schreiben

So schreibe ich eine Personenbeschreibung:

1. **Ich überlege**, welche Person ich beschreiben möchte.
2. **Ich sehe genau hin** und notiere Stichwörter.
3. Ich schreibe eine Personenbeschreibung und verwende:
   – möglichst viele Merkmale
   Größe, Alter, Gestalt, Kopf, Kleidung, Schuhe
   – treffende Wörter zur genauen Beschreibung
   – abwechslungsreiche Satzanfänge
   Er …, Sie …, Außerdem …, Um …, Sein …, Die …, Ihr …
4. **Ich lese** die Personenbeschreibung noch einmal durch und achte dabei auf treffende Wörter.
5. **Ich überarbeite** die Personenbeschreibung.

STOPP

Hübsches, schlankes Mädchen,
spitzer Buchstabenhut,
rote Haare mit zwei Zöpfen,
kleine grüne Augen,
spitze Nase, kleiner Mund,
Buchstabenkleid mit grünem Kragen,
barfuß …

1 Beschreibe ein Kind aus deiner Klasse ausführlich.
Schreibe auf ein Blatt Papier. Daraus soll ein Personenrätsel werden.
Nenne deshalb nicht den Namen des Kindes.

2

3 Wähle eine Personenbeschreibung aus.
Male dazu und hänge das Bild unter die Beschreibung.

4 Schreibe Verbesserungsvorschläge auf Kärtchen.
Befestige diese unter der entsprechenden Personenbeschreibung.

4 Über das eigene Lernen nachdenken

Ergänze deine Lernraupe.

… eine Person genau beschreiben.

… treffende Wörter zuordnen.

… Beschreibungen überarbeiten.

… eine Personenbeschreibung schreiben.

…

Ich finde, ich habe mich im Schreiben verbessert.

Mein Freund und ich haben uns beim Schreiben gegenseitig angespornt.

5 Die richtige Zeitform wählen

Ich wähle die **Vergangenheitsform,** wenn ich eine Geschichte über ein **vergangenes Erlebnis** erzähle oder aufschreibe.

1 Erzähle einem Partnerkind ein Pausenerlebnis in der Vergangenheitsform. Dein Partnerkind erzählt anschließend das Pausenerlebnis mit eigenen Worten nach.

2 Schreibe das Pausenerlebnis in der Vergangenheitsform ab. Unterstreiche die Verben.

Heft 3, S. 31 ②
Unfall auf dem Pausenhof – so war es
Lena zog ...
...

Unfall auf dem Pausenhof – so ist es

Lena zieht an einem Seil einen Rollwagen, auf dem Mike sitzt. Sie rennt sehr schnell. Da prallt der Wagen an den Stamm der dicken Eiche. Mike knallt an den Baum und fällt auf den Boden. Seine Nase blutet stark und er weint laut. Mike kommt zwei Wochen nicht in die Schule, denn seine Nase ist gebrochen und er hat eine Gehirnerschütterung.

5 Eine Nacherzählung schreiben

So schreibe ich eine Nacherzählung:

1. **Ich passe genau auf**, wie die Geschichte verläuft.
2. **Ich notiere** Stichwörter.
3. **Ich schreibe** mit Hilfe der **Stichwörter** eine Nacherzählung und achte darauf:
   - in der Einleitung alle W-Fragen aufzugreifen
   - nur das Wichtigste zu erzählen, nichts zu erfinden
   - die richtige Reihenfolge einzuhalten
   - die Vergangenheitsform zu verwenden
   - unterschiedliche Satzanfänge zu verwenden
4. **Ich lese** die Nacherzählung noch einmal durch und achte dabei auf die Vergangenheitsform und abwechslungsreiche Satzanfänge.
5. **Ich überarbeite** die Nacherzählung.

STOPP

Schreibe zum Schluss den letzten Satz ab. So kannst du prüfen, ob du richtig nacherzählt hast.

1 Lies die Geschichte auf der folgenden Seite.
Kläre unbekannte Wörter und notiere Stichwörter.

Heft 3, S. 32 ①
...

→ AH Seite 40, 41

5

Ein buntes Land

Kokokaka war ein Land hinter den Bergen. Dort lebten die Pumpus schon seit tausend Jahren. Zu allen Zeiten gab es große und kleine, dicke und dünne, kluge und dumme Pumpus. Doch so unterschiedlich sie auch waren, eines hatten alle Pumpus gemeinsam: ein blaues Fell.

Bis eines Tages das erste Pumpu mit einem roten Fell geboren wurde. Seine Eltern erschraken sehr, als sie ihr rotes Kind sahen. Sie wuschen und schrubbten es immer wieder, aber das Fell ihres Kindes blieb rot. „Ich habe es trotzdem lieb“, sagte die Mutter. Der Vater nickte. „Hauptsache, es ist gesund und wird glücklich.“
Gesund war das rote Pumpu, aber richtig glücklich nicht. Denn obwohl seine Eltern es lieb hatten und die meisten Pumpus nett zu ihm waren, spürte das rote Pumpu, dass es anders war. Und manchmal war es deswegen traurig.
Einmal meinte ein großes Pumpu: „Ich wünsche mir schon lange ein grünes Fell. Nur habe ich mich bisher nie getraut, das zu sagen.“ Das große Pumpu füllte einen Bottich mit Wasser, sammelte verschiedene Kräuter und warf sie hinein. Bald färbte sich das Wasser grün und das große Pumpu stieg in den Bottich. Und es dauerte nicht lange, bis ein grünes Pumpu aus dem Bottich stieg. Es schaute an sich hinunter und strahlte. Auch andere färbten in den nächsten Wochen ihr Fell und bald gab es Pumpus in vielen Farben.
Zwischen den vielen farbigen Pumpus fühlte sich das rote Pumpu endlich wohl und war nun sehr glücklich.

Manfred Mai

2 Erzähle den Inhalt des Textes mit Hilfe deiner Stichwörter einem Partnerkind.

3 Schreibe mit Hilfe des Leitfadens eine Nacherzählung.

Heft 3, S. 33 ③
…

5 Eine Geschichte nachspielen

1. Suche dir 4 andere Kinder, mit denen du die Geschichte auf Seite 33 spielen willst.

a) Lest gemeinsam die Geschichte nochmals durch.

b) Verteilt die Rollen:
ein Erzähler, Mutter Pumpu, Vater Pumpu, rotes Pumpu, großes Pumpu

c) Überlegt gemeinsam:

Was sagen die Personen?
– der Erzähler liest vor
– Mutter Pumpu bei der Geburt des roten Pumpus
– Vater Pumpu
– ...

Was tun die Personen (= Handlungen und Gesten)
und welche Gefühle zeigen sie?
– Eltern erschrecken (Hand vor dem Mund ...)
– Vater füllt Eimer mit Wasser, um rotes Pumpu zu schrubben ...
– ...

2. Übt die Geschichte und das Vorspiel.

3. Spielt die Geschichte eurer Klasse vor.

5 Nacherzählungen beurteilen

1 Lies die Geschichte.

Allein zu Hause

Gestern Abend gingen meine Eltern ins Kino, und ich war das erste Mal allein zu Hause. Ich sah mir noch eine Zeichentrickserie an, die bis 20 Uhr dauerte, und dann ging ich ins Bett. Ich war gerade am Einschlafen, da hörte ich plötzlich ein leichtes Kratzen am Rollladen. Sofort war ich wieder hellwach. Ich hatte schreckliche Angst. Dann hörte ich ein „Miau“ und wusste, dass es nur unser Kater Kasimir war. Nun schlief ich beruhigt ein.

2 Drei Kinder haben die Geschichte nacherzählt. Beurteile jede der drei Nacherzählungen mit mindestens einem Satz.

Heft 3, S. 35 ②
…

5 Über das eigene Lernen nachdenken

Ergänze deine Lernraupe.

… die richtige Zeitform verwenden.

… eine Nacherzählung schreiben.

… eine Geschichte nachspielen.

… Nacherzählungen beurteilen.

…

Ich fand den Test …

Meine große Stärke ist es, …

6 Mit Reizwörtern eine Geschichte erzählen

Wörter und Bilder reizen zum **Erzählen**.

1 Zeichne zu jedem Wort ein kleines Bild.

Kind | Rakete | Mülltonne

Heft 3, S. 37 ①
…

2 Überlege, was die drei Reizwörter miteinander zu tun haben könnten.
Schreibe eine kurze Geschichte.

Heft 3, S. 37 ②
…

3

6 Reizwortgeschichten beurteilen

1 Lies die zwei Reizwortgeschichten von Lisa und Tim.

Abend | Handy | Aprilscherz

Lisa

Am Sonntag war der erste April. Am Abend rief ich mit dem Handy meinen Onkel an. Dann rief ich: „Miau“ ins Handy. Dann legte ich wieder auf. Dann lachte ich laut los. Dann dachte ich: „Was für ein lustiger Aprilscherz.“ Dann ging ich ins Bett.

Tim

Am Sonntag gegen Abend war ich allein zu Hause. Ich wollte gerade ins Bett gehen, da klingelte das Handy. Ich ging dran und hörte eine flüsternde Stimme: „Geh nicht in dein Bett!“ Mir wurde ganz mulmig und ich war wie erstarrt. Als nach fünf Minuten das Handy wieder läutete, wollte ich erst gar nicht drangehen. Doch meine Neugier war groß. Diesmal sagte die Stimme: „Geh nicht in dein Bett! Darin könnte sich ein Aprilscherz verstecken.“ Am lauten Lachen erkannte ich meine Freundin Tosca. Nun mussten wir beide lachen.

2 Beide Geschichten wurden mit den gleichen Reizwörtern geschrieben.
Gib Lisa und Tim eine Rückmeldung.

Heft 3, S. 38 ②
Lisa: Deine Geschichte ...

6 Wortfelder nutzen: sagen

1 Schreibe alle Wörter für **sagen** in der Grundform auf.

Heft 3, S. 39 ①
sprechen, erzählen, …
…

Hauchte, wetterte, sprach, brüllte

Gestern Abend sprach er.
Es war schon dunkel, erzählte er.
Wollte ich zu meinem Schwager, berichtete er.
Aber in dem Fliederbusch vor seinem Haus, raunte er.
Sah ich etwas glühen, zischte er.
Zwei grüne Augen, keuchte er.
Da lauerte ein Gespenst, schrie er.
Ich – , stieß er hervor.
Auf und davon wie der Blitz!, gestand er.
Da hättest du auch Angst gehabt, behauptete er.
Nun haben sie ohne mich Geburtstag gefeiert, jammerte er.
Es war bestimmt sehr lustig, schluchzte er.
Aber das nächste Mal, knurrte er.
Nehme ich einen Prügel mit, drohte er.
Und dann haue ich es windelweich, verkündete er.
Dieses freche, böse, hinterhältige, gemeine …, brüllte er.
Hoffentlich hat es das nicht gehört, hauchte er.
Aber untertags schläft es, versicherte er.
Wahrscheinlich, meinte er.
Dieses verdammte Gespenst, wetterte er.
Oder war es eine Katze?, fragte er.

Das kann gut sein, sagte ich.

Josef Guggenmos

2

6 Wortfelder nutzen: gehen

1 Schreibe alle Wörter aus dem Text auf, die zum Wortfeld **gehen** gehören.

Heft 3, S. 40 ①
sie kommt, sie trödelt, ...
...

Auf dem kürzesten Weg

Kims Mutter möchte, dass Kim nach der Schule direkt nach Hause kommt und nicht trödelt.

Obwohl Kim sonst sehr gerne bummelt, will sie Mamas Wunsch erfüllen. Nach der letzten Stunde verlässt Kim die Schule. Sie läuft nicht wie gewohnt durch den Vorderausgang. Kim rennt hinter der Schule über den Bolzplatz, geht die Böschung hinauf und kriecht oben durch das dichte Gebüsch. Vor ihr liegen viele kleine Gärten. Vorsichtig stelzt Kim über Blumenbeete, kniehohe Zäune, Salate und Kohlköpfe. Sie klettert über eine leere Hundehütte. Sie überquert eine Straße.

Werner Färber

2 Lies den Text. Ersetze das Wort **gehen** durch ein passendes Wort. Die Wörter im Kasten helfen dir.

Heft 3, S. 40 ②
Als Tim und ich ...
...

Als Tim und ich heute Abend nach Hause gehen, ist es schon dunkel. Wir gehen durch die Müllerstraße. Dort steht ein unbewohntes Haus. Die Haustür ist offen. Neugierig gehen wir zur Tür. Wir gehen in das Haus hinein, weil wir ein Geräusch hören. Was ist das? Eine Maus geht vorbei. Sie geht in den Keller. Plötzlich hören wir Schritte. Ein Mensch geht zur Haustür und öffnet sie. Was nun?

wandern ✱ laufen ✱ schlurfen ✱ hüpfen ✱ schleichen ✱ eilen ✱ tapsen ✱ hasten ✱ hinken ✱ trödeln ✱ huschen ✱ flitzen

Eine Reizwortgeschichte schreiben

So schreibe ich eine Reizwortgeschichte:

1. **Ich lese** die Reizwörter und stelle sie mir bildlich vor.

2. **Ich plane** eine Geschichte, in der die Wörter eine wichtige Rolle spielen.
   Welche Personen/Gegenstände kommen vor?

3. **Ich schreibe** mit Hilfe der **Reizwörter** eine Geschichte und achte darauf:
   - in der Einleitung alle W-Fragen aufzugreifen
   - ausführlich den Hauptteil zu erzählen
   - die wörtliche Rede (Was sagen die Personen?) zu verwenden
   - abwechslungsreiche Wörter zu benutzen (Wortfelder)
   - einen passenden Schluss zu verfassen
   - unterschiedliche Satzanfänge zu verwenden

4. **Ich lese** die Reizwortgeschichte noch einmal und achte dabei auf die wörtliche Rede und abwechslungsreiche Wörter.

5. **Ich überarbeite** die Reizwortgeschichte.

1 Schreibe eine Reizwortgeschichte. Wähle aus:

Spielplatz | Tier | Schreck

Geburtstagsfeier | Torte | Salz

Heft 3, S. 41 ①
...

→ AH Seite 47

6 Über das eigene Lernen nachdenken

Ergänze deine Lernraupe.

... mit Reizwörtern eine Geschichte schreiben.

... Reizwortgeschichten beurteilen.

... Wortfelder nutzen: sagen, gehen.

...

Ich kam so schnell voran, weil ...

Bei ... hatte ich ein Problem. Aber ...

Eine Handlung beschreiben

1 Schreibe die Anleitung zum Zähneputzen in der richtigen Reihenfolge auf.
Ergänze unterschiedliche Satzanfänge.

Heft 3, S. 43 ①
Zähne putzen
Zuerst nehme ich die …
…

Zuerst | Zum Schluss | Dann

Danach | Als Nächstes | Dabei

Zähne putzen

- drücke ich die Zahnpasta auf die Bürste.
- spüle ich den Mund aus.
- nehme ich die Zahnbürste und mache sie unter dem Wasserhahn nass.
- reinige ich die Zahnbürste unter fließendem Wasser.
- putze ich zwei Minuten lang die Zähne mit kreisenden Bewegungen.
- gehe ich in dieser Reihenfolge vor: Innenseiten, Außenseiten, Kauflächen.

2 Schreibe eine Anleitung zum Haarewaschen.
Die Bilder und die Wörter helfen dir.
Achte auf unterschiedliche Satzanfänge.

Heft 3, S. 43 ②
Haare waschen
…

Haare waschen

Duschbrause | walnussgroße Menge | einschäumen

warmes Wasser | Shampoo | Augen schließen | ausspülen

7 Eine Anleitung schreiben

So schreibe ich eine Anleitung:

1. **Ich überlege**, welche Handlung ich beschreiben möchte.
2. **Ich plane**, welche Schritte ich durchführe, und notiere Stichwörter.
3. **Ich schreibe** mit Hilfe der Stichwörter **eine Anleitung** und beachte:
   - Überschrift (Welche Handlung wird beschrieben?)
   - Einleitung (Welche Gegenstände/Zutaten werden benötigt?)
   - Hauptteil (richtige Reihenfolge, treffende Wörter/Fachbegriffe)
   - Schluss (beschreibt das Ergebnis)
   - Zeitform Gegenwart
   - abwechslungsreiche Satzanfänge
4. **Ich lese** die Anleitung noch einmal und achte dabei auf die Reihenfolge und darauf, ob alle Schritte verständlich beschrieben wurden.
5. **Ich überarbeite** die Anleitung.

1

Hände waschen

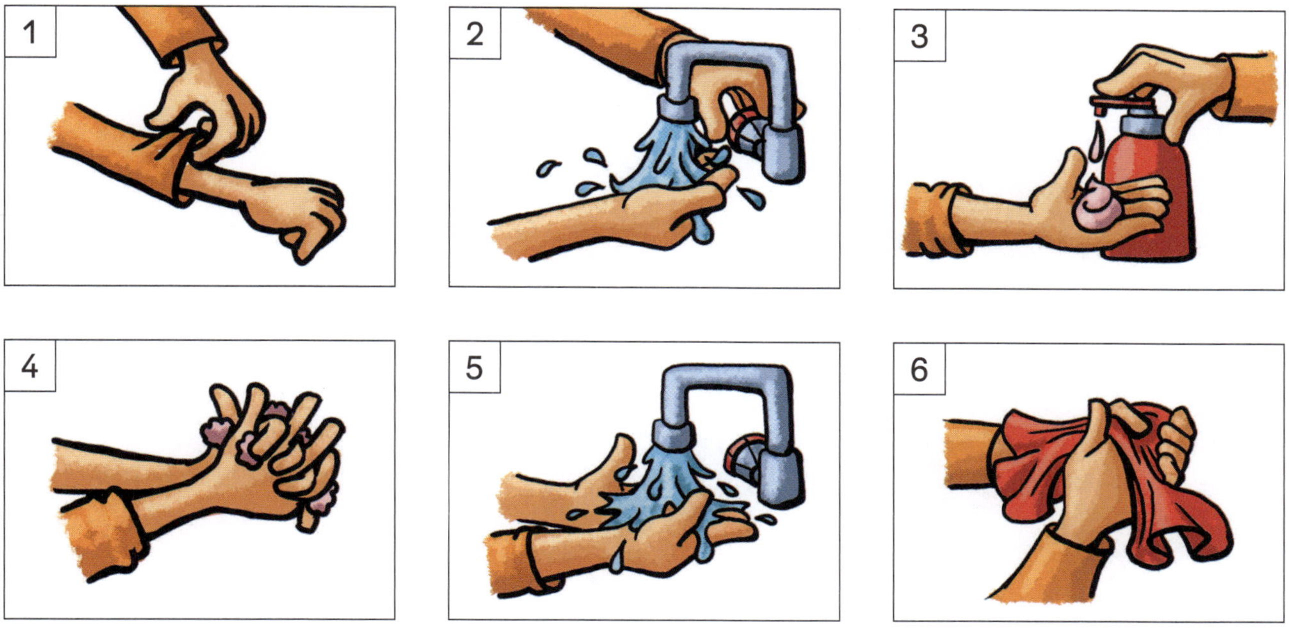

② Schreibe mit Hilfe der Bilder und des Leitfadens eine Anleitung.

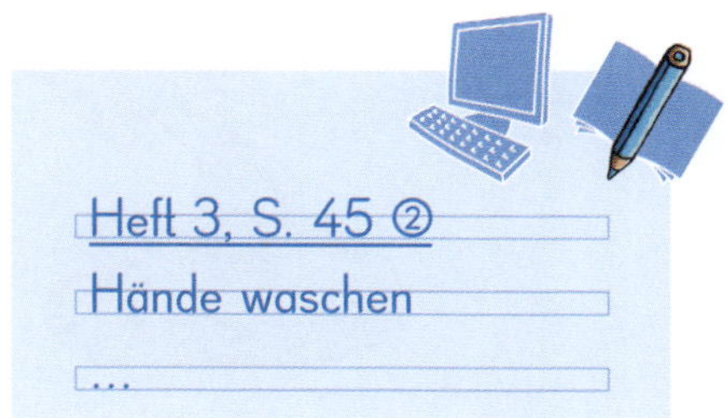

③ Besprich deine Anleitung in einer Schreibkonferenz wie auf Seite 23 beschrieben.

7 Eine Kochanleitung ordnen

1 Ordne die Beschreibungen den Bildern zu.
Die richtige Zuordnung verrät dir den Namen des Gerichts.

Heft 3, S. 46 ①
1 – BR, …

Zutaten für 6 Personen:
- 6 Scheiben Toastbrot, Ciabatta oder Baguette
- 6 reife Tomaten oder Tomaten aus der Dose
- Olivenöl
- 1 Prise Salz
- 2–3 Knoblauchzehen
- Basilikum

T	Mischung auf Brote verteilen
US	Olivenöl auf das getoastete Brot träufeln
ET	Tomaten mit Salz und Knoblauch vermischen
BR	Brot toasten
A	mit Basilikum verzieren
CH	Tomaten und Knoblauch in Würfel schneiden

2 Schreibe die Anleitung in ganzen Sätzen auf.
Achte auf unterschiedliche Satzanfänge.

Heft 3, S. 46 ②
Zuerst …

Zu einem Kochrezept gehört eine Zutatenliste mit Mengenangaben. Und ich brauche eine Anleitung dafür, wie ich das Gericht zubereiten und kochen muss.

7 Ein Kochrezept schreiben

1 Lies die E-Mail.
Suche alle Zutaten für Rosmarinkartoffeln und schreibe eine Zutatenliste.

Heft 3, S. 47 ①
Zutaten:
– 500 Gramm Kartoffeln
– vier Esslöffel …
– …

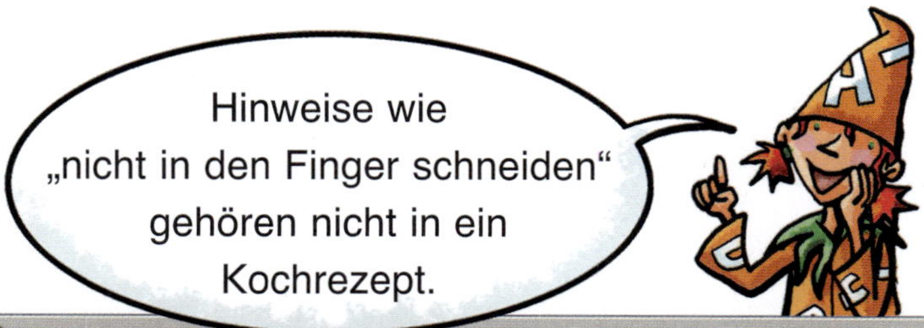

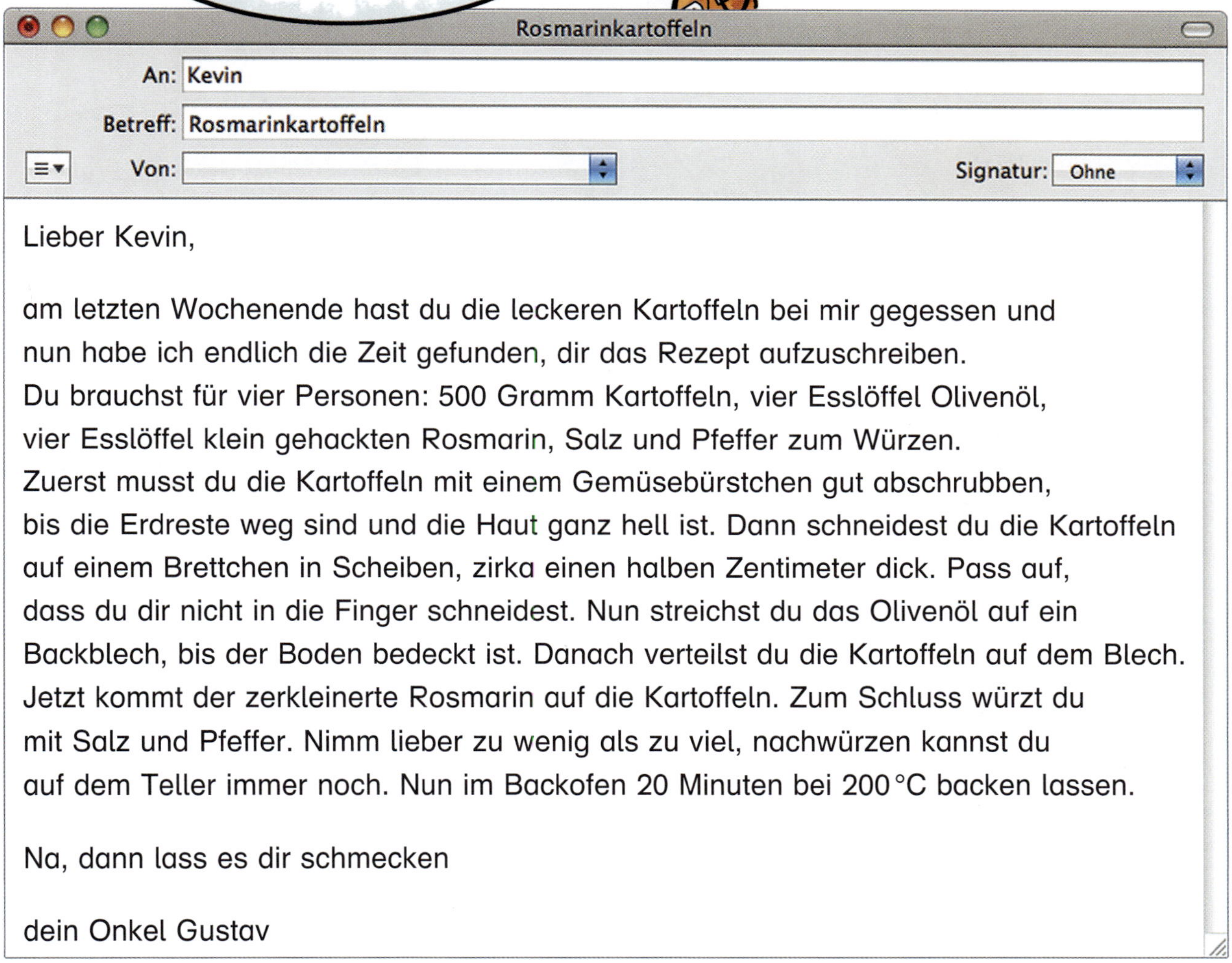
Rosmarinkartoffeln

An: Kevin

Betreff: Rosmarinkartoffeln

Von:

Signatur: Ohne

Lieber Kevin,

am letzten Wochenende hast du die leckeren Kartoffeln bei mir gegessen und nun habe ich endlich die Zeit gefunden, dir das Rezept aufzuschreiben. Du brauchst für vier Personen: 500 Gramm Kartoffeln, vier Esslöffel Olivenöl, vier Esslöffel klein gehackten Rosmarin, Salz und Pfeffer zum Würzen. Zuerst musst du die Kartoffeln mit einem Gemüsebürstchen gut abschrubben, bis die Erdreste weg sind und die Haut ganz hell ist. Dann schneidest du die Kartoffeln auf einem Brettchen in Scheiben, zirka einen halben Zentimeter dick. Pass auf, dass du dir nicht in die Finger schneidest. Nun streichst du das Olivenöl auf ein Backblech, bis der Boden bedeckt ist. Danach verteilst du die Kartoffeln auf dem Blech. Jetzt kommt der zerkleinerte Rosmarin auf die Kartoffeln. Zum Schluss würzt du mit Salz und Pfeffer. Nimm lieber zu wenig als zu viel, nachwürzen kannst du auf dem Teller immer noch. Nun im Backofen 20 Minuten bei 200 °C backen lassen.

Na, dann lass es dir schmecken

dein Onkel Gustav

2 Lies die E-Mail.
Schreibe die Anleitung für Rosmarinkartoffeln auf.
Achte auf unterschiedliche Satzanfänge.

Heft 3, S. 47 ②
Zuerst schrubbe ich
die Kartoffeln gut ab …
…

7 Eine Kochanleitung zum Lieblingsgericht schreiben

1

2

a) Schreibe mit Hilfe des Leitfadens und der Kochbücher eine Anleitung für dein Lieblingsgericht.

b) Male ein Bild zu deinem Lieblingsgericht.

3 Sammelt eure Rezepte in einem Klassen-Kochbuch.

7

Über das eigene Lernen nachdenken

Ergänze deine Lernraupe.

… eine Handlung beschreiben.

… eine Anleitung schreiben.

… eine Kochanleitung ordnen.

… ein Kochrezept schreiben.

…

Die Aufgaben waren für mich gut, weil …

Diese Aufgabe mochte ich am wenigsten, weil …

8 Ein Haiku kennenlernen

Das **Haiku** ist eine **japanische Gedichtform.**
Haiku-Gedichte **handeln von der Natur,** von den Jahreszeiten,
von den Elementen Feuer, Wasser, Luft, Erde
und von den Beziehungen einer Person dazu.
Im Japanischen haben Haikus eine **feste Silbenzahl.**
Die drei Verse enthalten 17 Silben.
1. Zeile = 5 Silben, 2. Zeile = 7 Silben, 3. Zeile = 5 Silben

1 Überprüfe, ob beide Gedichte Haikus sind.
Zähle die Anzahl der Silben in jeder Zeile. Überprüfe den Inhalt.

Die schwarzen Schwalben
Nun dort in Reihe sitzen
Wie das so üblich

Kusadao

Sonnenwarmer Tag
Am Zaun des Frühlingsgartens
Hängt noch ein Fäustling

Alexandra von Marmu, 11 Jahre

2 Hier sind zwei Haikus vermischt.
Ein Haiku handelt vom Winter und das andere vom Frühling.
Schreibe die beiden Haikus richtig auf.

Heft 3, S. 50 ②
...

Es donnert und blitzt
Flocken fallen leicht
Schneemann lacht mit großem Mund
Gräser und Blumen schwanken
Naturgewalten
Winterwunderwelt

3 Zeichne Silbenbögen unter die Wörter
der Haikus von Aufgabe **2**.

Heft 3, S. 50 ③
Es donnert ...

8 Ein Haiku schreiben und präsentieren

1

2 Bereite eine Präsentation zu deinem Haiku vor.
Male dazu ein schönes Bild.
Lerne das Gedicht auswendig.

3 Stelle anderen Kindern dein Haiku vor.
Der Leitfaden auf Seite 9 hilft dir.

→ AH Seite 60

8 Nach einem Bauplan ein Gedicht schreiben

1 Finde zu einem Thema 3 Wörter und nummeriere sie.
Als 4. Wort schreibst du das Thema (mit Artikel) auf.

Heft 3, S. 52 ①
1. ...
2. ...

2 Setze deine Wörter in den Bauplan ein.
Schreibe das Wort **und** aus.

Heft 3, S. 52 ②
...

1. Wort
1. Wort und 2. Wort

2. Wort
2. Wort und 3. Wort

1. Wort
1. Wort und 3. Wort

1. Wort und 2. Wort und 3. Wort und
4. Wort (mit Artikel)

3 Lest euch gegenseitig eure Gedichte vor.

8 Ein Parallelgedicht schreiben

1 Übersetze das avenidas-Gedicht und schreibe es auf.

avenidas
avenidas y flores

flores
flores y mujeres

avenidas
avenidas y mujeres

avenidas y flores y mujeres y
un admirador

Eugen Gomringer

Heft 3, S. 53 ①
Straßen
Straßen und Blumen
...

avenidas	=	Straßen
y	=	und
flores	=	Blumen
mujeres	=	Frauen
un admirador	=	ein Bewunderer

Wenn ich Wörter eines Gedichts durch andere Wörter oder Bilder ersetze, entsteht ein **Parallelgedicht**.

2 Zeichne mit verschiedenen Farben den Bauplan des Gedichts von **1** in dein Heft.

Heft 3, S. 53 ②
...

→ AH Seite 61

8 Ein Parallelgedicht mit Geräuschen entwickeln

Wörter kann man **durch Geräusche ersetzen.**
So entsteht ein **Geräuschegedicht.**

1 Probiert aus, welche Geräusche ihr erzeugen könnt.

2 Nehmt den Bauplan auf Seite 53, Aufgabe 1.
Bestimmt für jede Farbe ein Geräusch.
Probiert das Geräuschegedicht aus.

3

8 Über das eigene Lernen nachdenken

Ergänze deine Lernraupe.

… ein Haiku erkennen.

… ein Haiku schreiben.

… ein Haiku präsentieren.

… nach einem Bauplan ein Gedicht schreiben.

… ein Parallelgedicht schreiben.

… ein Parallelgedicht mit Geräuschen entwickeln.

Einsterns Schwester 3

Themenheft 3
Texte planen und schreiben

Herausgegeben von:	Roland Bauer, Jutta Maurach
Erarbeitet von:	Katrin Baudendistel, Daniela Dreier-Kuzuhara
Auf der Grundlage der Ausgabe von:	Ursula Oswald
Fachliche Beratung exekutive Funktionen:	Dr. Sabine Kubesch, INSTITUT BILDUNG plus, im Auftrag des ZNL TransferZentrum für Neurowissenschaften und Lernen, Ulm
Begutachtung:	Katrin und Peter Bertram (Mühlenbeck), Angelika Fischer (Weiterstadt), Claudia Hoeschen (Kappeln), Ines Kewitz (Rastatt), Sybille Maier-Alvarez del Cid (Achern), Julia Schäfer (Gießen)
Redaktion:	Sabine Gerber, Mirjam Löwen
Illustration:	Yo Rühmer, Frankfurt am Main
Umschlaggestaltung:	Cornelia Gründer, agentur corngreen, Leipzig
Layout und technische Umsetzung:	lernsatz.de

fex

fex steht für *Förderung exekutiver Funktionen*. Hierbei werden neueste Erkenntnisse der kognitiven Neurowissenschaft zum spielerischen Training exekutiver Funktionen für die Praxis nutzbar gemacht. **fex** wurde vom **ZNL TransferZentrum für Neurowissenschaften und Lernen** *(www.znl-ulm.de)* an der Universität Ulm gemeinsam mit der **Wehrfritz GmbH** *(www.wehrfritz.com)* ins Leben gerufen. Die Cornelsen Schulverlage haben in Kooperation mit dem ZNL ein Konzept für die Förderung exekutiver Funktionen im Unterrichtswerk *Einsterns Schwester* entwickelt.

www.cornelsen.de

Aus didaktischen Gründen wurden Texte gekürzt/bearbeitet.

1. Auflage, 5. Druck 2021

Alle Drucke dieser Auflage sind inhaltlich unverändert
und können im Unterricht nebeneinander verwendet werden.

ISBN 978-3-06-083570-6 (Themenheft Leihmaterial)
ISBN 978-3-06-084244-5 (E-Book Einsterns Schwester 3 Leihmaterial)

Dieses Heft ist Bestandteil des Pakets „Einsterns Schwester 3“ (ISBN 978-3-06-083567-6) und kann auch einzeln bestellt werden.

Inhalt gedruckt auf säurefreiem Papier aus nachhaltiger Forstwirtschaft.